禪公案

編輯緣起

數十年來，心道法師指導的禪修閉關不計其數，在他的開示中，提及的公案卻不多。但是，心道法師對每一則公案的評析，都如電光石火，令弟子們的心眼爲之一亮，豁然開朗。

因爲他對公案的解析獨具特色，既不作引經據典的文獻考證，也不咬文嚼字的釋義，而是完全以他的禪修體驗，直指心性，使得每則的篇幅極爲精要簡短。可是，這樣少少的文字量，已足以成爲指月之指。

於是，我們從2015年開始有系統地整理，初稿雖曾於靈鷲山官網刊登，但從2022年起，對照《景德傳燈錄》，又重新逐篇逐句逐字的編輯，最後獲得心道法師的首肯，精選30篇成書。

我們相信讀者們，特別是有禪修體驗者，一定可以從中獲取修行的資糧。

法堂院

2024.09

目錄

1 拈花微笑 — 7
2 不識 — 11
3 空手把鋤頭 — 16
4 安心 — 19
5 懺罪 — 22
6 解縛 — 26

16 野鴨子飛過去了 — 62
17 瓶中鵝 — 65
18 殺人箭！活人箭？ — 69
19 狗子無佛性 — 73
20 庭前柏樹子 — 77
21 喫茶去 — 80

7 無姓 29
8 菩提本無樹 32
9 本來面目 36
10 不落階級 39
11 說似一物即不中 42
12 不與萬法爲侶 46
13 磨磚成鏡 49
14 聽蛋說話 54
15 平常心是道 57
22 空門不肯出 84
23 沙門一隻眼 87
24 無位眞人 90
25 你見到了什麼 93
26 切忌隨他覓 98
27 香嚴擊竹 101
28 貧無立錐之地 107
29 雲門餅 112
30 一指禪 114

1

拈花微笑

世尊在靈山會上，拈華示眾，是時眾皆默然，唯迦葉尊者破顏微笑。

世尊曰：「吾有正法眼藏，涅槃妙心，實相無相，微妙法門，不立文字，教外別傳，付囑摩訶迦葉。」

白話譯

一次，在靈鷲山的法會上，世尊拿起一朵花向大眾展示，幾乎所有人都沒有反應，沉默以對，只有迦葉尊者一人，會心微笑。

世尊見到尊者的微笑，接著說：「我有一個洞見正法的寶藏，那就是寂靜卻有妙用的眞心，雖然它本身無形無相，卻是通往聖道的入口，也是聖者的成就境界；但這個道理甚深難知，無法用文字概念表達、傳授，所以我在教門之外傳授，並且傳承給迦葉了。」

心道法師開示

迦葉長期在墳場苦修，本來不喜歡笑。可是，當釋迦佛拿起一朵花，輕揮一搖，迦葉一看，卻笑了。

佛陀爲什麼拈花？爲什麼迦葉又隨之而笑？

佛陀拈花，是爲了示現本心；迦葉因此見心，歡喜而笑。這就是禪宗以心印心、以心傳心的法門。

以心傳心，要怎麼傳？拋磚引玉，應物現形。世尊拈花，是爲了把本心引出來；而迦葉的微笑，顯現了本心。我們眼觀耳聞，一舉一動，都是本心的顯現。

本心顯現了，要怎麼體認？從無相裡直指直取；這不是在講教法、講道理，離相才能識心，離開一切語言才能契合。

從迦葉開悟的那一刻，禪宗就有了印心的傳承，一直到達摩祖師傳到東土，開枝散葉，生生不息。

從這個公案，我們要充分把握住，學佛是爲了發現不生滅的本心，找回自己的心。

2

不識

帝問曰：「朕即位已來，造寺、寫經，度僧不可勝紀，有何功德？」
祖曰：「並無功德。」
帝曰：「何以無功德？」
祖曰：「此但人天小果，有漏之因，如影隨形，雖有非實。」
帝曰：「如何是真功德？」
祖曰：「淨智妙圓，體自空寂，如是功德，不以世求。」

帝又問：「如何是聖諦第一義？」
祖曰：「廓然無聖。」
帝曰：「對朕者誰？」
祖曰：「不識。」
帝不領悟。

白話譯

武帝問：「從我做皇帝到現在，蓋廟、抄經，培養僧眾，數量多到數不清，這樣可以得到多大的功德？」
達摩祖師回答：「沒有功德。」
武帝問：「怎麼會沒有功德？」
祖師答：「做這類事情，未來能得到的，不過是小小的人道或天道的果報；因爲你做這些善事的動機，仍然摻雜著我執，所以未來的果報如同樹下的陰影，短暫的存在而已。」

武帝問：「那什麼才是眞實的功德呢？」

祖師答：「眞實的功德是圓滿又有妙用的清淨智慧，本身卻是無形無相，以世間的道理或事業，得不到這樣的智慧。」

梁武帝再問：「什麼是最無與倫比的出世間眞理？」

祖師回答：「寬廣寂靜，不存一物，哪有什麼眞理或不是眞理？」

武帝又問：「面對我的這一位是誰？」

祖師答：「不認識它。」

武帝仍然聽不懂祖師的意思。

心道法師開示

爲什麼達摩說沒有功德？因爲禪是什麼都沒有！

面對梁武帝的人是達摩，爲什麼他卻說「不認識它」？本來面目沒有面貌，沒有眼、耳、鼻、舌、身、意，那要怎麼認識？

「本來面目在嗎？」

「在這裡。」

「我怎麼看不到你呢？」

「你當然看不到，我沒有面貌！」

所以，如果你認識自己是有面貌，就完了！就跟梁武帝一樣無明。因爲當你認識自己是有人相、我相、眾生相、壽者相這麼多的面貌，就要輪迴啦！

3

空手把鋤頭

空手把鋤頭，步行騎水牛，
人從橋上過，橋流水不流。

——傅大士詩偈

白話譯

手是空的，卻握著鋤頭；我們騎著水牛，卻用雙腳走路。當我從橋上經過時，流動的是橋，而不是水。

心道法師開示

這首禪詩，前半部講「體性」跟「現象」的關係；後半部則點出，因爲我們常常在妄想之中，所以認識不到體性。

「空手把鋤頭」，空手指「體」，把鋤頭指「用」。「體」沒有手，卻可以握鋤頭，這是譬喻我們的眞心，雖然無形無相，但能在生活現象上處處作用。

「步行騎水牛」，用雙腳騎水牛，譬喻用「心」騎身體，表示心是主，身體、現象是客；心可以作用於身體與現象上，他的能力遠比猶如大水牛的身體還強，是眞正的主人。

「人從橋上過，橋流水不流」，當我們沒有如實的認識現象，反客爲主，就會遺忘本心，生活在錯覺裡。

這個公案讓我們體會「攝用歸體」，看到物質現象起作用的時候，要能回過頭來看自己的本性，它是什麼都沒有——無形、無相、無物。

4

安心

可曰：「諸佛法印，可得聞乎？」

祖曰：「諸佛法印，匪從人得。」

可曰：「我心未寧，乞師與安。」

祖曰：「將心來，與汝安。」

可良久曰：「覓心了不可得。」

祖曰：「我與汝安心竟。」

白話譯

二祖慧可問說：「可以教導我諸佛相傳的眞理嗎？」

達摩祖師說：「諸佛相傳的眞理，無法從別人那裡獲得。」

慧可說：「我的心不得安寧，請求師父幫我安心。」

達摩祖師說：「把心拿來吧！我幫你安。」

慧可過了一會兒說：「完全找不到這個心啊！」

達摩祖師說：「我已幫你把心安好了。」

心道法師開示

當達摩祖師要求慧可把心拿出來時，慧可探究了半天，發現心不可得，這給了他一個迴光返照的契機。真心無頭無尾、無形無相，沒有一個地方是心的處所，又怎麼拿得出來呢？所以達摩祖師說：「我幫你安心了。」

當慧可反觀自心，從禪裡面看到無所得，他的心就安寧了。

同樣的，我們面對世間種種苦，如何找到達摩祖師來安心？就要去反觀參究「安什麼心？」

5

懺罪

有一居士，年踰四十，不言名氏，聿來設禮，而問祖曰：「弟子身纏風恙，請和尚懺罪。」

祖曰：「將罪來，與汝懺。」

士良久曰：「覓罪不可得。」

祖曰：「與汝懺罪竟，宜依佛法僧住。」

士曰：「今見和尚，已知是僧，未審何名佛、法。」

祖曰：「是心是佛，是心是法，法、佛無二，僧寶亦然。」

士曰：「今日始知罪性不在內、不在外、不在中間，如其心然；佛法無二也。」
祖深器之，即為剃髮云：「是吾寶也，宜名僧璨。」

白話譯

有位居士（三祖僧璨），年齡已超過四十，未通告姓名，前來禮拜二祖慧可。

居士說：「弟子重病在身，請和尚幫忙消除罪業。」

二祖說：「你要是能把罪業拿出來，我就幫你消除。」

過了許久，居士回答：「拿不出來啊！」

二祖說：「既然如此，那我已經幫你除掉罪業了，以後要依止三寶生活。」

居士說：「今日見到和尙，我看到了僧寶，但不知道什麼是佛寶和法寶？」

二祖說：「心就是佛，也是法；法寶、佛寶沒有兩樣，僧寶也是如此。」

居士說：「今天才明白罪性猶如心性一樣，並非實有，它不在身體內、不在身體外，也不在內外的中間；佛、法兩者同樣不在內外、中間，所以並無不同。」

二祖聽了，對他非常器重，立即爲他剃度。

二祖說：「你是我宗門的僧寶啊！所以賜你法名『僧璨』。」

心道法師開示

覓罪不可得，「不可得」就是空、沒有的意思，如同心性本空，罪性也本空。

「把罪拿出來！」就是要僧璨反省罪在哪裡，從「找不到」當中去體會離相的佛；眞心無相——離相的心才是眞心。

6

解縛

有沙彌道信，年始十四，來禮祖曰：「願和尚慈悲，乞與解脫法門。」

祖曰：「誰縛汝？」

曰：「無人縛。」

祖曰：「何更求解脫乎？」

信於言下大悟。

白話譯

四祖道信還是十四歲的沙彌時，拜見三祖。

道信說：「願和尚慈悲，請傳授我解脫的方法。」

三祖說：「誰綁你？」

道信說：「沒人綁我。」

三祖說：「那還求什麼解脫？」

道信一聽，豁然開朗。

心道法師開示

我們打坐的時候，參參看：「誰綁住我？」、「我是哪兒沒解脫？」、「到底是眞的沒解脫，還是假的沒解脫？」

當我們迷惑的時候，是苦；明白的時候，就是解脫。參禪，參而明、明而悟，你悟不到「沒有」，就會受苦。

7

無姓

（祖）一日往黃梅縣。路逢一小兒，骨相奇秀，異乎常童。

祖問：「子何姓？」

答曰：「姓即有，不是常姓。」

祖曰：「是何姓？」

答曰：「是佛性。」

祖曰：「汝無姓邪？」

答曰：「性空，故無。」

祖默識其法器，即俾侍者至其母所，乞令出家。母以宿緣故，殊無難色，遂捨為弟子，以至付法傳衣。

白話譯

四祖道信去黃梅途中，遇到一個小男孩（弘忍），這小孩氣質清秀，不同於一般孩童，於是四祖問小孩說：「小朋友，你姓什麼啊？」

弘忍回答：「姓是有的，但不是尋常的姓。」

四祖接著問他：「那是什麼姓？」

弘忍答：「是佛性。」

四祖便說：「你應是沒有姓吧？」

弘忍答：「因為性空，所以沒有。」

四祖聽後，很賞識弘忍的根器，於是派遣侍者至弘忍母親的住所，徵詢讓弘忍出家的意願，母親認為這是前生因緣，所以毫無猶豫，便讓弘忍皈依四祖，傳承宗門。

心道法師開示

達摩祖師傳二祖什麼法？二祖傳三祖，三祖又傳四祖什麼法？「沒有」。心沒有！罪沒有！束縛，沒有！通通拿不出來。學到禪宗傳心的重點了嗎？

五祖弘忍的「唯論見性」，見什麼性？空性！「實相無相」、「沒有」，這是從拈花微笑以來，祖師們要我們認識的重點。

怎麼見性？要行般若觀照——從「有」中去透視、去明白，當我們看到好壞得失、人我是非，當下要明白都是因緣和合，不可得；明白心不可得，根塵不可得，一切現象都不可得。

8

菩提本無樹

菩提本無樹，明鏡亦非臺，
本來無一物，何處惹塵埃。

—六祖惠能禪師詩偈

白話譯

菩提本來就不是樹，明鏡也沒有放置的鏡臺，本來就什麼都沒有，還能在哪裡沾染灰塵呢？

心道法師開示

「菩提本無樹，明鏡亦非台」，菩提、明鏡譬喻心性，本來就沒有，哪有什麼樹或臺，哪有什麼黑的、白的、光的、亮的、圓的、滾的。什麼東西也不是，什麼東西也沒有，在那無一物的地方，連塵埃也沒有，哪裡需要擦擦洗洗？心性本來就是沒有，清爽乾淨。

當我們碰到物質糾纏的時候，要想到這個偈子，它代表禪宗的修法原則；從「本無樹、亦非臺」，以及「本來無一物」去瞭解、相應，從「何處惹塵埃」去行持，那就是修持正法了！

9

本來面目

（師）乃曰：「我來求法，非為法衣，願行者開示於我。」

盧曰[1]：「不思善，不思惡，正恁麼時，阿那箇是明上座本來面目。」

師當下大悟。

白話譯

蒙山道明向六祖惠能禪師頂禮說：「我是爲求法而來，不是爲搶法衣而來，希望您能爲我開示佛法。」

六祖對道明說：「不要執取這是善的，或那是惡的，當下的這份清楚，就是你道明的本來面目。」

道明立即大悟。

心道法師開示

在父母還沒生下我們，也就是我們還沒有任何的造型、結構、組合之前，我們的本來是什麼？

1 六祖惠能大師俗姓盧。

身體是念頭、業力形成的假面具，當我們把身體當作自己，就會隱藏那個眞實的本來，本來面目也就不見了；當你在看的時候，不是身體看，也不是雙眼看，而是本來面目在看，在看的是誰？這個靈靈光光、自自在在的是誰？到底你是誰？

爲什麼六祖說「不思善、不思惡」？因爲在不取善、不取惡，沒有取捨的時候，我們就回歸了本來，是用清淨心去看一切。但是，我們被父母生下以後，就一直攀緣，想要這、想要那，總是在好好壞壞中取取捨捨，就迷失本來。

本來面目沒有消失過或減少過，隨時隨地都在現前，現成的！歇下來，覺性光明就能夠顯現；息滅一切的心念，不取相、不念相、不住相，才能回到父母未生前的本來。

10

不落階級

（師）聞曹谿法席，乃往參禮。問曰：「當何所務，即不落階級？」

祖曰：「汝曾作甚麼來？」

師曰：「聖諦亦不為。」

祖曰：「落何階級？」

師曰：「聖諦尚不為，何階級之有？」

祖深器之。

白話譯

青原行思聽說曹溪禪法盛行，前來向六祖禮拜參學。

行思見了六祖便問：「應當如何修行，才不會執著於修道的高低階位？」

六祖問：「你之前修過什麼法門？」

行思答：「出世間的眞理都不修，哪有修什麼法門。」

六祖再問：「那你現在修到什麼位階了？」

行思答：「連出世間的眞理都不修了，哪裡還有什麼位階。」

六祖聽了，對行思非常器重。

心道法師開示

這公案，其實是青原祖師想請六祖印證他的見地是否正確，其中的關鍵在於什麼是覺性？覺性是清楚無相，遍一切處而不在一切處，就一個覺性而已，沒有什麼高低上下、階級不階級。

當然，我們日用的覺照上，有穩定度的優劣差別；但如果你認爲覺性有階級、有高下，那就不對。

11

說似一物卽不中

祖問：「甚麼處來？」

曰：「嵩山來。」

祖曰：「甚麼物恁麼來？」

師無語。

遂經八載，忽然有省，乃白祖曰：「某甲有個會處。」

祖曰：「作麼生？」

師曰：「說似一物即不中。」

祖曰：「還假修證否？」
師曰：「修證則不無，污染即不得。」
祖曰：「祇此不污染，諸佛之所護念。汝既如是，吾亦如是。」

白話譯

六祖惠能禪師問：「你從哪來？」
南嶽懷讓答：「嵩山。」
六祖問：「這是什麼東西？怎麼來的？」懷讓聽不懂，無言以對。
過了八年，懷讓突然省悟而對六祖說：「學生有些領會了。」
六祖說：「怎麼說？」

懷讓說：「無論說它是什麼東西，從哪裡來，都不對！」
六祖又問：「那還需要經過修行來親證嗎？」
懷讓說：「修是還要修，從修證中顯現它的存在，而它本自清淨，不受任何的汙染。」
六祖接著說：「諸佛隨時念茲在茲的，就只有這個『不污染』的清淨心，而你和我也是如此。」

心道法師開示

我們的本來面目、本地風光，要說它是什麼、像什麼，都不對，「說似一物即不中」。只要著相生心，就沒有辦法知道。

「染不得、修不無」，雖然說明不了它是什麼、像什麼，還是要不斷去學習領悟「它」是什麼、在哪裡。
你在專注打坐時，它不在嗎？
你打瞌睡的時候，它一警覺：「唉！怎麼打瞌睡了。」
腳痠的時候，它懷疑：「有痠嗎？」
它沒來沒去，一直都在。
我們必須處處相應到本來面目，才能處處無生、處處解脫自在。如果你死坐活坐，沒有去領悟它的靈靈活活、不生不滅，很難有立竿見影的進步。

12

不與萬法爲侶

唐貞元初（龐蘊）謁石頭。乃問：「不與萬法為侶者是甚麼人？」頭以手掩其口。（蘊）豁然有省。

白話譯

唐貞元初年，龐蘊居士拜訪石頭希遷禪師。

龐蘊問石頭：「不和一切世間現象糾纏的人，是怎樣的一個人呢？」

石頭將手捂住嘴巴。

龐蘊見後豁然省悟。

心道法師開示

我們的法身，實相無相，歷歷孤明，「孤明」就是不與萬法為侶，純一不二的空明。

證得法身，才能了生脫死；但要離相、離語言文字，才能證得法身。反之，我們會束縛在假相裡，習慣跟生滅現象作伴，於是就跟著生死流轉。

法身本無相，所以在禪修當中，我們專注覺照，覺照清楚，自然就能離相；專注，讓心回復到清明無相的本質，不與萬法爲侶。

13

磨磚成鏡

開元中有沙門道一（即馬祖也），在衡嶽山常習坐禪。

師知是法器，往問曰：「大德坐禪圖甚麼？」

一曰：「圖作佛。」

師乃取一磚，於彼庵前石上磨。

一曰：「磨作甚麼？」

師曰：「磨作鏡。」

一曰：「磨磚豈得成鏡邪？」

師曰：「磨磚既不成鏡，坐禪豈得作佛？」

一日：「如何即是？」

師曰：「如牛駕車，車若不行，打車即是？打牛即是？」

一無對。

師又曰：「汝學坐禪，為學坐佛。若學坐禪，禪非坐臥；若學坐佛，佛非定相。於無住法，不應取捨，汝若坐佛，即是殺佛，若執坐相，非達其理。」

一聞示誨，如飲醍醐。

白話譯

唐開元年中，有位沙門名號道一，於南嶽懷讓禪師處參學，整天坐禪。懷讓禪師知道道一能成大器，所以特別前去點撥。

懷讓問道一：「大德坐禪是爲了什麼？」

道一回答：「爲了成佛。」

於是懷讓取了一塊磚頭，在道一座前的石頭上磨了起來。

道一問：「師父您爲何磨磚？」

懷讓答：「我磨磚要來做鏡子。」

道一說：「磚頭怎能磨成鏡子？」

懷讓答：「那坐禪又怎麼能成佛？」

道一聽了又問：「那怎麼做才對？」

懷讓回答：「就像我們駕牛車，車若不走，該打車還是打牛？」

道一聽了無言以對。

懷讓說：「你練習坐禪是想要學做佛吧！但是禪並不是用坐的或躺的來學；而佛也沒有標準的範本可學。我們對於無常不住的事物現象，就不應該有任何取捨的執著，你若以爲有個『佛』可學，那佛就沒了；你若執著用坐姿學禪，表示你不了解『禪』的眞義。」

聽了開示，道一立即領悟，如醍醐灌頂。

心道法師開示

車子猶如我們的身體，而牛是我們的心，成佛是在成就這個心，不是身體。所以，禪修一定要在法身上用功，而馬祖道一領會了，不斷去實踐，因此證悟了眞心。

坐禪就是坐心。我們的心經常被妄念纏繞，抓也抓不到、趕也趕不跑，使我們不清不楚的過日子，而且卡住了心的明白，也就卡住見性成佛的機會。

所以，禪修不是死坐活坐，而是在坐當中沉澱，讓心性的光明顯現，顯現出那份明朗空寂。

14

聽蛋說話

為道莫還鄉，還鄉道不長，
溪邊老婆子，喚我舊時名。

——馬祖道一禪師

馬祖道一禪師軼事

馬祖道一禪師成道後，回到四川的家鄉傳法，當村民發現他原來是村裡篩穀人家的小孩，都不願意聽他說法，只有馬祖的嫂嫂相信他。

嫂嫂對馬祖說：「請您教我一個法。」馬祖說：「好！我教你一個法。你回家後，在廚房吊一顆蛋，每天做事的時候就聽那顆蛋；當蛋跟你說話的時候，你就成道了。」

於是，她每天一邊做事一邊聽，就這樣聽了十年。有一天，草繩斷了，蛋掉在地上，她開悟了。

心道法師開示

吊一顆蛋在那邊，是要聽什麼？寂靜之聲。蛋每天講沒有聲音的話——講「沒有」，馬祖道一的嫂嫂每天就聽「沒有」。她聽啊、聽啊，安住在空明裡，切斷了一切垢染，歇息一切妄想執著。

雖然馬祖道一的嫂嫂不懂佛法，可是她相信馬祖道一，沒有忘掉那個「聽」，一聽十年，成功了！可見得信心、恆心對修法多麼重要。

到底蛋在說什麼？不要以爲蛋不說話，它的確一天到晚都在說，沒有停止過。蛋說的話離語言文字，它天天在說寂靜大法——無聲之聲。

15

平常心是道

示眾云：「道不用脩，但莫汙染，何為汙染，但有生死心，造作趨向，皆是汙染。若欲直會其道，平常心是道。」

—馬祖道一禪師語錄

白話譯

修行不需要刻意的做，防止染污心是唯一要注意的。什麼是染污心呢？就是有所造作取捨，陷入輪迴生死的心。如果想要直契修行的精隨，保持平常心即可。

心道法師開示

平常心不是指我們平常生活的心態，而是本來面目。它之所以平常，是因爲沒有變異，雖然遍照一切處，遍在人相、我相、眾生相、壽者相上，卻明明白白而不動，不沾染、不增減、不生滅。

我們原本的自己，不是父母生的，盤古開天地就有，本來如是，沒生過、沒滅過，不生不滅，本來具足，不是從哪兒修出來的。

如果本來面目是修出來的，那也不用修了，因爲可修就可壞。

所以，我們需要做的，就只是保持本來就有的平常心。

16

野鴨子飛過去了

師侍馬祖行次，見一群野鴨飛過。
祖曰：「是甚麼？」
師曰：「野鴨子。」
祖曰：「甚處去也？」
師曰：「飛過去也。」
祖遂把師鼻扭。負痛失聲。
祖曰：「又道飛過去也？」
師於言下有省。

白話譯

有一天，百丈懷海陪著他的師父馬祖道一禪師散步，見一群野鴨子飛過去。

馬祖問：「那是什麼？」

懷海答：「野鴨子。」

馬祖又問：「去哪啦？」

懷海回答：「飛過去了！」

聽完，馬祖回身將懷海的鼻子用力一擰，痛得懷海失聲大叫。

馬祖即問：「又飛過去了嗎？」

懷海一聽，頓時明白。

心道法師開示

今天這麼好的天氣，這麼美的景，無所住而生其心，怎麼無所住啊？

當懷海接連回答說「野鴨子」、「飛過去了」，馬祖知道他心有所住，就用力捏了他的鼻子，再問：「又過去啦？」這一捏，捏出懷海對「無所住而生其心」的領悟——知而不住、覺而不住。

「無住生心」就是百丈禪師的消息。

17

瓶中鵝

（陸亙）問南泉：「古人瓶中養一鵝，鵝漸長大，出瓶不得。如今不得毀瓶，不得損鵝，和尚作麼生出得？」

泉召曰：「大夫！」

陸應諾。

泉曰：「出也。」

陸從此開解，即禮謝。

白話譯

陸亙大夫問南泉普願禪師：「從前有人在瓶子裡養了一隻鵝，鵝日漸長大，沒辦法從瓶子裡出來了。不可打破瓶子，也不能傷到鵝，和尚您要如何把瓶中的鵝救出來呢？」

南泉突然叫喚：「陸大夫！」

陸亙一聽，馬上答：「有！」

南泉說：「這不就出來了嗎！」

陸亙因此恍然大悟，立即禮拜感謝南泉禪師。

心道法師開示

當我們著相生心，就昧失在色、聲、香、味、觸、法的瓶子裡面，這時心怎麼出離？怎麼把瓶子裡的鵝救出來？相就是瓶子，當心不執著在相上，瓶子就沒有了，所以不需要打破瓶子，離開念想就出來了。眞心本來就沒有相，我們卻都執著在心智的相用上，而沒有看到涅槃無相。

有覺照就不會昧失。陸亙聽到和尚叫喚，他一答「有」，覺照就出來了；但我們常常是紅燈直直走，叫也叫不回。

這是因爲慣性，我們老是分別執著，尤其對「我」非常在意，爲它造業，爲它起貪瞋癡；就像蝸牛放不下蝸牛殼，時時刻刻把殼帶著。所以，修行首先要突破對「我」的執著。一切是四大假合，沒有什麼可執著的，連那個無相都不要執著。

聽到無聲之聲嗎？你現在在聽嗎？「覺」出來了，佛就出來了！

18

殺人箭！活人箭？

（師）初參石鞏，鞏常張弓架箭接機。
師詣法席，鞏曰：「看箭！」
師乃撥開胷曰：「此是殺人箭，活人箭又作麼生？」
鞏彈弓弦三下，師乃禮拜。
鞏曰：「三十年張弓架箭，秖射得半箇聖人。」
遂拗折弓箭。
後參大顛，舉前話。
顛曰：「既是活人箭，為甚麼向弓弦上辨？」

平無對。
顛曰：「三十年後，要人舉此話也難得。」

白話譯

三平義忠最初向石鞏慧藏禪師[2]學習，而石鞏禪師總是用拉弓射箭來教學。

當時，石鞏即對他喊道：「看箭！」

於是義忠坦露胸脯說：「這是殺人箭！活人箭又是怎麼樣的呢？」

石鞏便彈了弓弦三下。

義忠即向石鞏禮拜。

石鞏卻說：「三十年來拉弓射箭，卻只射到半個聖人。」說完，就把弓箭折斷了。

義忠後來拜訪潮州大顛禪師，提到這件事。

大顛說：「既然是活人箭，你何必再去區別拉弓與彈弦的差別呢？」

義忠聽不懂，無言以對。

大顛說：「再三十年，這句話也難得有人能回答啊！」

2 唐代撫州石鞏慧藏禪師，為馬祖道一禪師的法嗣。「石鞏張弓」之公案，後衍生出宗門的「殺人刀」與「活人劍」。

心道法師開示

殺人刀、活人劍，一種是打死的，一種是打活的。殺人刀，是將所有的念頭殺得片甲不留，沒有一個念頭能活下來，讓你離開任何念頭。活人劍，是開放的面對每個念頭，但不去執著追逐，在事相中靈靈活活、清清楚楚，通透無礙。用哪個？看什麼時候要打死你，什麼時候打活你。然而，禪宗經常兩者並用，一開始追殺念頭，追到沒有念頭時，再向上一路，證入空性，活進不二的世界，但事實上又沒有世界。

19

狗子無佛性

（僧）問：「狗子還有佛性也無？」

師曰：「無。」

白話譯

有學僧問趙州從諗禪師：「狗有沒有佛性？」

趙州回答：「沒有。」

心道法師開示

無。什麼是「無」？狗子有沒有佛性？狗子哪裡沒佛性？爲什麼狗子沒有佛性？

這就是要讓你在疑情上精進，專注參一個「無」字。「無」就是沒有，禪的基礎觀念就是「沒有」。

我們的起心動念都是魔，要如何處理？一些祖師大德都將經驗告訴了我們；像趙州用參「無」，讓念頭息滅，讓一切覺受回到沒有。

聽「無聲」跟參「無」是一樣的，都是用「無」當敲門磚。我們從這兒認眞參入，不斷薰陶，在無相裡慢慢習慣而不變質，就會跟眞心相應了！

20

庭前柏樹子

（僧）問：「如何是祖師西來意？」

師曰：「庭前柏樹子。」

曰：「和尚莫將境示人。」

師曰：「我不將境示人。」

曰：「如何是祖師西來意？」

師曰：「庭前柏樹子。」

白話譯

有學僧問趙州從諗禪師：「達摩祖師爲何從印度來到中國呢？」

趙州說：「庭院前面的柏樹。」

學僧說：「和尚請不要拿外境的東西來塘塞。」

趙州說：「我可沒有拿外境的東西來搪塞。」

學僧於是重新再問：「達摩祖師爲何從印度來到中國呢？」

趙州一樣回答：「庭院前面的柏樹。」

心道法師開示

「西來意」跟「柏樹」有什麼關係？從看「柏樹子」怎麼領

悟到「西來意」？「西來意」就是直指人心、見性成佛。「直指」是無法譬喻，現量的。

心的本來不能用語言文字來表達。因爲語言文字是相，經常增加錯覺和誤導；心性實相無相，要離相才能呈現。但是，怎麼去顯現心性？怎麼印證？就那麼簡單——庭前柏樹子！從「柏樹」應物現形，直接就把這個本來顯現清楚了。

萬法皆是心光，雖然看起來是一棵棵的柏樹，但是非常神聖，都是祖師西來意。所以一看，每一個人都是庭前柏樹，一看，都是祖師西來意，愈看愈完整，活活潑潑、靈靈光光！

21

喫茶去

師問新到：「曾到此間麼？」
曰：「曾到。」
師曰：「喫茶去。」
又問僧，僧曰：「不曾到。」
師曰：「喫茶去。」
後院主問曰：「為甚麼曾到也云喫茶去，不曾到也云喫茶去？」
師召院主，主應喏。
師曰：「喫茶去。」

白話譯

趙州從諗禪師問一個剛到的學僧：「以前來過這裡嗎？」
學僧回答：「來過。」
趙州說：「那就去喝茶。」
趙州又問另一個學僧，學僧回答：「沒來過。」
趙州說：「也去喝茶。」
後來院主問趙州：「爲什麼來過的人，您叫他喝茶，沒來過的也叫去喝茶？」
趙州突然叫一聲：「院主！」
院主頓時答道：「是！」
趙州說：「你也去喝茶吧。」

心道法師開示

「開悟」就是領悟心的面貌，要怎麼悟出心的面貌？祖師們又怎麼向學人呈現心的面貌？

像趙州用「喫茶去」。爲什麼喝茶？誰在喝茶？什麼東西能喝茶呢？

身體不會喝茶，不然你叫一個死人來喝喝看，一定不會喝茶。那個會喝茶的，跟死人的差別在哪裡？就是活著啊！

所以「喫茶去」是說，活的東西才能喝茶，你有沒有覺照到自己眞正活的東西？如果領悟了自心，就是活的；不能領悟自心，就是木頭，不知道誰在喝茶。

趙州用喝茶讓你去領悟喝茶的是誰！是誰啊？

你的心無形無相，它在哪裡呢？當你喝茶時，它有作用嗎？無中可以用，用中可以無。

因此，在「喫茶去」當中，你能不能領悟正在作用的那個？這是茶禪，茶的禪——趙州茶。

22

空門不肯出

空門不肯出，投窓也大癡，
百年鑽故紙，何日出頭時。
——古靈神贊禪師詩偈

白話譯

已經打開的門不走，卻死往窗戶去撞，未免太愚痴了，即使用一百年死讀古書，也不知道何時才鑽得出去！

心道法師開示

有一個老和尚的徒弟，外出參訪三年，回來之後照常工作，服侍師父。有一天，徒弟幫老和尚洗澡刷背，他抹啊抹、擦啊擦，突然說：「哎呀！好一個大佛堂，裡面還有一尊佛在放光咧！」講完，老和尚瞪他一眼，心想：「這小子怪怪的，出去了三年，回來就給我胡說八道。」

某天，老和尚正在讀經，徒弟過來幫他倒茶。

徒弟問老和尚：「師父你在做什麼？」

老和尚回答：「我在讀經。」

那時正好有一隻蒼蠅飛呀飛，想要出去，一直撞窗戶，徒弟就說：「哎呀！旁邊有開的門不走，卻一直往窗戶去撞？」

老和尚從話中體會到：「不從空裡面出離，卻一直去鑽文字：」於是反過來向徒弟拜師，跟他學禪。

這公案告訴我們，本來面目不是從書本、現象裡面去找，而是要從空性去看！你在現象找來找去、鑽來鑽去，也不會斷煩惱、離生死，鑽一千年也鑽不出去。

本來面目不住在現象，住在空的大廟裡，找不到這個空，我們就進不去那廟堂，也就找不到本來面目。

23

沙門一隻眼

（師）問：「僧發足甚處？」

曰：「雪峰。」

師曰：「雪峰有何言句示人？」

曰：「尋常道盡十方世界，是沙門一隻眼。你等諸人，向甚處屙？」

白話譯

趙州從諗禪師問學僧：「你從哪兒來的？」

僧回：「雪峰義存禪師那裡。」

趙州問：「雪峰禪師對學人有什麼開示呢？」

僧回：「禪師常說：『整個十方世界，都在修行人的一隻眼裡，那麼，你們還能躲去哪裡大小便啊？』」

心道法師開示

「沙門一隻眼」，整個虛空大地都是一隻「眼」。什麼「眼」？心眼，也就是覺明的地方。覺明是因覺而起的明，是知覺的呈現，本性的光明，無形無相。

修行，要用心去看、去聽、去覺；遍虛空大地，都是覺明可及的地方，但就一個心眼，沒那麼多眼睛。

心有大有小，你還沒覺悟，就小。覺悟以後，可大可小——小，可以在一個芥子裡面；大，像是虛空一樣，無量無邊。

24

無位眞人

臨濟上堂曰：「赤肉團上有一無位真人，常在汝等諸人面門前出入，未證據者看看。」

時有僧問：「如何是無位真人？」

濟下禪牀搊住曰：「道！道！」

僧擬議，濟拓開曰：「無位真人是什麼乾屎橛！」

白話譯

臨濟義玄禪師上堂開示：「我們身體裡有一無位眞人，常在你們面前出入，沒見過的人，去找看看！」

這時有位僧人問：「無位眞人長得什麼樣啊？」

臨濟立即跑下座，抓著他說道：「快說！快說！」

那位僧人正想開口，臨濟便將他推開怒斥：「你想要用文字描述的那個是髒東西，怎會是無位眞人！」

心道法師開示

眞心，禪宗也稱「無位眞人」，這位眞人不坐、不臥、不站、不跑，沒有男女相、沒有生老病死相，沒有任何差別相。如果你要招待它，不需要位子、桌椅，什麼都不要就對了！

無位眞人正是無相的心。一旦心造作了，才會有種種的相，然後反過來把心捆住，不能自在，就輪迴了。

我們要覺知這位無位眞人，但不去造作，也就不生種種相。

所以，學佛就在知心。

25 你見到了什麼

一夕侍立次。

潭曰：「更深何不下去？」

師珍重便出，却回曰：「外面黑。」

潭點紙燭度與師，師擬接，潭復吹滅，師於此大悟，便禮拜。

潭曰：「子見箇甚麼？」

師曰：「從今向去，更不疑天下老和尚舌頭也。」

白話譯

某日深夜，德山宣鑑仍在値勤。

龍潭崇信禪師對他說：「夜深了，爲何不下去休息？」

德山便向龍潭告退，但又返回，跟龍潭說：「外面很黑。」

於是龍潭點了紙燭交給德山，等德山要接的時候，龍潭又吹滅燭火，德山因此開悟，立即禮拜龍潭。

龍潭說：「你見到了什麼？」

德山說：「從今以後，再也不懷疑老和尚的開示了！」

心道法師開示

點個蠟燭，德山祖師就開悟了，簡不簡單！蠟燭要點才會亮，可是心的光明不用點。無論白天、晚上，我們的心都是亮的，是吧？所以老和尚幫德山點燭火，又把火吹熄，火熄的剎那，德山一看：「喔！原來我也會亮！不是只有燭火會亮。」

大家要深信「本明原始」，你本來就是亮的，只需要時間去明悟，透過持續觀修，與清淨心相應，做到細膩超絕。當你的心敏銳了，就能跟禪接軌，領會到佛陀夜睹明星的那份快樂！

26

切忌隨他覓

切忌從他覓，迢迢與我踈，
我今獨自往，處處得逢渠；
渠今正是我，我今不是渠，
應須恁麼會，方得契如如。

—洞山良价禪師詩偈

白話譯

千萬不要從現象中去找法身，那將離它越來越遠，法身雖然超然物外，但遍在一切現象上作用。現象是法身顯現的影子，但法身不是現象，應當這樣領會，才能契入那如如不動的法身。

心道法師開示

在禪修時，是不是能識破身心假象？對「五蘊非我」是不是很清楚？五蘊總是穿梭不停，就像流水，你可以注意，也可以不理睬它，你跟流水之間，不需要有什麼瓜葛。

坐禪，就坐在不跟五蘊黏在一起的獨立上。能不能獨立？取決於覺照的清楚性、冷漠性強不強。如果能夠不依不住，你的靈光就獨耀了！

所以，坐禪就要找到那個看不到的自己——法身；我們的法身無形無相，又跟一切現象不棄不離，遍一切法界。「渠今正是我，我今不是渠。」一切現象都是法身的作用範圍，但不是法身。

27

香嚴擊竹

山問：「我聞汝在百丈先師處，問一答十、問十答百，此是汝聰明靈利，意解識想。生死根本、父母未生時，試道一句看。」師被一問，直得茫然，歸寮將平日看過底文字從頭要尋一句酬對，竟不能得，乃自歎曰：「畫餅不可充飢。」

屢乞溈山說破，山曰：「我若說似汝，汝已後罵我去。我說底是我底，終不干汝事。」師遂將平昔所看文字燒却，曰：「此生不學佛法也。且作箇長行粥飯僧，免役心神。」乃泣辭溈山。直過南陽覩忠國師遺跡，遂憩止焉。

一日，芟除草木，偶拋瓦礫，擊竹作聲，忽然省悟。遽歸沐浴焚香，遙禮溈山，讚曰：「和尚大慈，恩逾父母。當時若為我說破，何有今日之事。」

白話譯

溈山靈佑禪師問香嚴智閑：「我聽說你之前在先師百丈那兒，問一答十、問十答百，但這只是小聰明，利用文字概念的分別意識而已。現在你用分別意識想一下，在父母尚未生出你之前，那個生死根本是什麼？試說一句看看！」

結果，智閑茫然，不知所措。於是便返回寮房，翻找平常閱讀的書籍文字，竟然找不到能回答的句子，因此自言自語的感嘆：「畫餅不能充飢。」

後來，智閑屢次請求溈山爲他解答，溈山說：「我如果說了，你以後會罵我。而且，我所說的，僅是我個人的體驗，跟你完全無關。」

智閑因此將平日所讀的書籍全部燒掉，說道：「這輩子不用再學佛法了，不如做一個只會吃飯的僧人，免得徒勞心神。」之後便難過的向溈山道別，再一路北上，直到南陽憑弔慧忠禪師的紀念塔，才在那兒停駐下來。

有一天，智閑在山中清除草木時，不經意的抛出小石子，石頭撞到竹子而發出聲響，一聞瞬間，他開悟了。智閑立即回到住所，沐浴燒香，向潙山的方向遙拜禮讚：「和尚慈悲，恩德比父母還大！要是那天您爲我說破了，怎能在今日體悟。」

心道法師開示

如果做任何事情，都安住在本性上，那麼生活就是修行了。

禪宗說：「一日不作，一日不食。」以前的祖師在田裡工作，挖地除草時，他們作而無作，無作而作，一直安住在本性上。在工作當中，依然不增不減、不垢不淨，讓安住的心打成一片；打成一片的時候，就會契入眞實的法界。

修行像是貓捉老鼠，老鼠很會躲，所以貓必須有時捉、有時跑，反反覆覆，需要時間。

同樣的，慢工出細活，慢慢的參究，慢慢的磨，磨到生活中都不忘失本來。像智閑禪師，聽到竹子「啪」一聲，就契入實相；平時功夫不做，是不可能的。

禪，就是要你去參悟，悟了以後就明白。禪不講白，祖師們都不講破，要弟子反覆反覆、老老實實的參，這樣的領悟才是自己的。

28

貧無立錐之地

溈山聞得，謂仰山曰：「此子徹也。」

仰曰：「此是心機意識，著述得成，待某甲親自勘過。」

仰後見師曰：「和尚讚歎師弟發明大事，你試說看。」

師舉前頌，仰曰：「此是夙習記持而成，若有正悟，別更說看。」

師又成頌曰：「去年貧未是貧，今年貧始是貧。

去年貧，猶有卓錐之地，今年貧，錐也無。」
仰曰：「如來禪許師弟會，祖師禪未夢見在。」
師復有頌曰：「我有一機，瞬目視伊，若人不會，別喚沙彌。」
仰乃報溈山曰：「且喜閑師弟會祖師禪也。」

白話譯

溈山靈佑禪師聽到香嚴智閑開悟後寫的偈頌[3]，對仰山慧寂說：「這個人眞的明白了。」

仰山說：「不過是平常意識思索，利用文字概念寫出的東西而已，等我親自去驗證後再判斷。」

仰山後來見到香嚴：「潙山和尚讚嘆你已經成就了，說說體驗的心得吧。」

於是，香嚴又重述之前的偈頌。

仰山說：「這只是你以前背誦記憶的文字，若你眞明白，再換一個說法。」

香嚴便再說：「去年雖然窮，還不夠窮，今年才眞的是窮。因爲去年即使很窮，還有能豎立小錐子的地方，今年窮到連小錐子都沒有立足之地。」

仰山說：「你算是熟練如來禪，至於祖師禪，你就別夢想了！」

3 「一擊忘所知，更不假修持。動容揚古路，不墮悄然機。處處無蹤跡，聲色外威儀。諸方達道者，咸言上上機。」

香嚴回應說：「我有一個微妙幽玄的心，在每個瞬間當下都能見到；見不到的人，別說是修行人。」

仰山後來向溈山說：「智閑師弟連祖師禪都領會了！眞令人高興。」

心道法師開示

香嚴禪師先是說：「去年已經很窮了，但還有一點點立錐之地。」這表示他的如來禪—「無」的功夫—雖然有，但仍然有跡可尋，不夠徹底；接著他又說：「今年才眞的窮啊！什麼都沒有了。」這時才做到完全「沒有」。

這就是如來禪「什麼都沒有」的觀修，必須要花時間沈澱，慢慢才會領悟。

現在你們聽，聽沒有，聽到連立錐之地都沒有，聽「無」到連「無」都沒有了，也是如來禪。

祖師禪不一樣，祖師禪直接打開心的原貌。怎麼打開呢？祖師們會觀機逗教或因材施教，有時用棒、喝，有時又打、又罵，有時用突兀的話來轉移執念或引發疑情。這些作用，都是爲了讓學生的心思猶如槁木死灰，明白過去、現在、未來三心不可得，進入活活潑潑的本地風光。

29

雲門餅

僧問：「如何是超佛越祖之談？」
師曰：「餬餅。」

白話譯

有學僧問雲門文偃禪師：「怎樣才能超越佛陀與歷代祖師？」

雲門回答：「去吃餅。」

心道法師開示

有誰能夠超佛越祖？「佛」是相、「祖」是相，離一切相就超佛越祖了！誰能離一切相？能吃餅的「那個」能離一切相，所以去吃餅吧！吃餅吃得很快樂，因為沒有佛、沒有祖，從吃餅去覺悟「那個」。你們要不要超佛越祖啊？不要坐個半天，老是超越不了自己。

30

一指禪

凡有學者參問，師唯舉一指，無別提唱。

有一供過童子，每見人問事，亦豎指祇對。

人謂師曰：「和尚，童子亦會佛法？凡有問皆如和尚豎指。」

師一日潛袖刀子，問童曰：「聞你會佛法，是否？」

童曰：「是。」

師曰：「如何是佛？」

童豎起指頭，師以刀斷其指，童叫喚走出。師召童子，童回首，師曰：「如何是佛？」童舉手不見指頭，豁然大悟。

白話譯

每當有人前來參學，金華俱胝禪師只豎立一根手指頭，而不做其他說明。禪師座下有位小和尚，有人問他事情時，他也豎立手指來應對。於是有人問禪師說：「那個小和尚也會佛法嗎？每當人家問他事情，他也和您一樣豎起手指。」有一天，俱胝禪師將刀子藏於袖裡，問童子說：「聽人家說你會佛法，是嗎？」

童子說：「是啊！」
禪師於是問他：「什麼是佛？」
童子便豎起一根指頭，當下禪師用刀將那根手指斬斷，童子哭著轉身逃跑。
禪師叫住童子，當童子回頭時，禪師立即再一次追問他：「什麼是佛？」
童子不知不覺舉起手，卻不見指頭，豁然間，他就開悟了。

心道法師開示

開悟就是明白心性。爲什麼有指頭的時候不開悟，沒有指頭卻開悟了？
因爲小和尚發現：「指頭沒有了！原來，『我』沒有指頭，指頭是假的；沒有指頭的『我』才是眞的！」修行一定要建立在「沒有」的觀念上。

小和尚非常有善根，被師父切斷指頭又逼問，在電光石火的瞬間，他一看——沒有！這就是禪宗的教育，會讓你深刻到一輩子都忘不掉。

禪公案

作者：心道法師
編輯：靈鷲山法堂院
美術設計：實心美術
發行人：周美琴
出版發行：財團法人靈鷲山般若文教基金會附設出版社
地址：23444 新北市永和區保生路 2 號 21 樓
電話：02-2232-1008
傳真：02-2232-1010
網址：www.093books.com.tw
讀者信箱：books@ljm.org.tw
總經銷：聯合發行股份有限公司

國家圖書館出版品預行編目資料

禪公案 / 心道法師著 . -- 初版 . -- 新北市：財團法人靈鷲山般若文教基金會附設出版社 , 2025 . 01

面：　公分

ISBN 978-626-99091-4-8（平裝）

1. CST：禪宗　2. CST：佛教說法

226.65　114000207

法律顧問：永然聯合法律事務所

劃撥帳戶：財團法人靈鷲山般若文教基金會附設出版社

劃撥帳號：18887793

印刷：基盛印刷工場

初版一刷：二〇二五年一月

定價：新台幣二五〇元

ISBN：978-626-99091-4-8